# 추억이 담긴 벤치

이개성 시집

**초판 발행** 2018년 5월 27일
**지은이** 이개성
**펴낸이** 안창현 **펴낸곳** 코드미디어
**북 디자인** Micky Ahn **교정 교열** 백이랑 강슬기
**등록** 2001년 3월 7일 **등록번호** 제 25100-2001-5호
**주소** 서울시 은평구 갈현로 318-1 1층
**전화** 02-6326-1402 **팩스** 02-388-1302
**전자우편** codmedia@codmedia.com

ISBN 979-11-86104-86-6  03810

**정가** 10,000원

이 책의 판권은 지은이와 코드미디어에 있습니다.
잘못 만들어진 책은 교환해드립니다.

# 추억이 담긴 벤치

이개성 시집

詩人의 말

신록의 5월 화창한 날 구순이 가까운 나이에 시를 쓰고 시집을 낸다는 것이 마치 소녀인 양 부끄럽기도 하고 무척 기쁘고 가슴이 설렙니다.
그러나 홀연히 내 곁을 떠난 사랑하는 그대를 향한 그리움을 시로써 표출하는 동안 마음의 위안을 얻을 수 있었으며 시는 삶의 동반자이자 활력소가 되었습니다.

미흡한 시이지만 용기 내어 세상에 내놓으려 합니다.
내 시를 읽는 여러분들이 한 편의 시라도 공감해 주신다면 더없이 고맙겠습니다.
항상 따뜻하게 용기 주시고 잘 이끌어주신 지연희 교수님께 깊은 감사를 드립니다.

사랑하는 그대에게 이 시집을 바칩니다.

신록의 초입에_ 菉苑 이개성
2018. 5.

# contents

시인의 말 _ 4

## 01 ─────── 깊고 단 낮잠

당신의 초상화 _ 14
바늘 가는 데 실 간다 _ 15
행복 _ 16
그리운 그대에게 _ 17
그리워 _ 18
브리지 _ 19
일몰 _ 20
한없이 걸어가고 싶다 _ 21
도시 안의 시골집 _ 22
벚꽃놀이 _ 23
어둠이 깔린 밤 _ 24
어느 쾌청한 가을날 _ 25
까치 소리 _ 26
저수지와 숲 _ 27
그대의 환상 _ 28
추억이 담긴 벤치 1 _ 29
추억이 담긴 벤치 2 _ 30
4월의 연두 바다 _ 31

이개성 시집

작품 해설 | 지연희 · 118
생사의 속박에 갇혀 이별의 슬픔으로 읽어내는 사부곡

# 이토록 샛노란 단풍 ─── 02

나의 생일 _ 34

사랑의 의자 둘 _ 35

고마운 선물 _ 36

당신의 생일 _ 37

연꽃 _ 38

백일홍 _ 39

뭉게구름 _ 40

가뭄 뒤의 단비 _ 41

느티나무 1 _ 42

느티나무 2 _ 43

느티나무 한 그루 _ 44

가을이 왔네 _ 45

초가을의 풍경 _ 46

가을 나들이 _ 47

늦가을의 단풍나무 _ 48

할미꽃 _ 49

겨울 목련 _ 50

# contents

## 03 ──────── 내 곁에 잠시

목련화 _ 54

대자연의 섭리 _ 55

한 잔의 커피 _ 56

보름달 _ 57

그대 떠난 지 첫 번째 첫눈 _ 58

설날 _ 60

현관 앞 반송盤松 _ 62

새봄의 산책길 _ 63

봄이 오니 _ 64

봄비 _ 66

찬스 _ 67

머리 커트와 시 _ 68

바람 _ 69

분수 _ 70

시 _ 71

이개성 시집

# 지즐대는 새소리 —— 04

아쿠아로빅 _ 74

짝 잃은 외기러기 _ 75

네 번째 첫눈 _ 76

그리움 _ 77

첫눈 _ 78

공기청정기 _ 79

고맙다는 말 _ 80

5월 _ 81

시곗바늘이여 _ 82

탕수육 _ 83

매미 소리 _ 84

새날 새 아침 _ 85

센강 유람선상의 고희연 _ 86

울진 대게 _ 87

아들의 생일 _ 88

막내딸 효녀 김청 _ 90

# contents

## 05 ———— 개성 있는 여자

폭우 속 고속도로 달려온 아들 _ 94

아버지 전화 한 통의 위력 _ 96

나의 이름 개성 _ 97

전화 한 통 _ 98

아들의 흰머리 _ 99

우리 집 여인들의 단복 _ 100

64년도 동경올림픽 _ 101

순애보 _ 102

첫 손자의 혼례식 날 _ 103

할아버지와 손자 _ 104

한파 _ 105

신록의 나뭇잎 _ 106

전국 제일의 장수마을 내 고향 괴산 _ 107

우리 어머니 _ 108

존경하는 스승님 _ 110

어느 날 일본 동경의 전철에서 _ 112

하늘 _ 113

수필 | 회혼례를 치르고 _ 114

먼 훗날 나 그대 찾아
달려가거든 두 팔 활짝 펴서
나 반기며 안아주겠지요

-「그리워」부분

# 1
## 깊고 단 낮잠

### 당신의 초상화

깊고 단 낮잠을 잤다
눈을 뜨는 순간
벽에 걸린 초상화 속 당신

단아하고 정겨운 모습으로
나를 바라보고 있다

웬 낮잠이요 어디 아픈 데는 없는지요
아니요 좀 피곤해서요

60여 년 동안 존경하고 사랑하며 살던
당신과의 삶 내겐 큰 축복이었지요

당신 고마워요 사랑해요

# 바늘 가는 데 실 간다

그대는 바늘 나는 실
새벽이면 삼청공원 산책
바늘은 일터 실은 집

용평스키장 골프장 전시장 영화관
어디를 가든 바늘과 실

결혼 60주년 회혼례
롯데호텔에서 풍악 울리고
당신은 사모관대 나는 연지곤지 찍고
족두리 낭자 화려한 혼례복
새신랑 새 각시되어 전통 혼례식
성대히 거행 행복의 극치!

그리고 어느 날 그는 홀연히 세상을 떠났다

졸-졸 매어 달려 따라다니던
나는 어찌하라고

# 행복

올망졸망 마구 뛰어놀던
다섯 아이들
나 정신 못 차리게 바빴지

무럭무럭 자라는 그 모습 바라보며
그대와 나
천하를 다 얻은 듯 행복하였지

그대는 내 곁을 떠나고, 홀로
떠올리는 그때 그 행복

### 그리운 그대에게

그대는 뉘시길래
무슨 인연 있었기에

한평생 지극한 사랑
좋은 것 모든 것
송두리째 내게 다 주고
훌훌 떠났는지

한 마리 새가 되어 그대 곁에
훨훨 날아가 못다 한 일
원 없이 바치고 싶습니다.

## 그리워

소리쳐 불러도
그대 메아리치지 않네
찾아 헤매이고 헤매여도
그대 모습 보이지 않네

먼 훗날 나 그대 찾아
달려가거든 두 팔 활짝 펴서
나 반기며 안아주겠지요

그리웠노라고

## 브리지

그대와 손잡고 도란도란 거리며
거닐던 추억의 브리지

눈 아래 맑은 연못 분수대
봄이면 아름다운 꽃, 여름이면 푸르름
가을이면 울긋불긋 단풍, 겨울이면 새하얀 설경

나는 이곳저곳 보느라
비틀거리기도 하고 멈추었다 가기도 한다

내 마음 달래주는
고마운 브리지

## 일몰

시시각각으로 황홀하게
변하는 붉은 노을

제 갈 길을 찾아가듯
서서히 가라앉는 둥근 해
훼방이라도 치듯 먹구름 오색구름
번갈아 가렸다 놓았다 한다

어느 찰나 둥근 해는 서산 너머로
툭 떨어지고 허망하여 발돋움하고
그 해 보려고 애를 태웠다
끝내 보이지 않았다

인생도 이와 같은 것
나의 사랑하는 그 사람도
한번 가니 다시 볼 수가 없다

## 한없이 걸어가고 싶다

드높고 파란 가을 하늘
흰 뭉게구름 두둥실
따스한 가을 햇살 내 뺨 어루만진다

길가엔 코스모스
한들한들 연보랏빛 구절초
새들이 노래하는 숲속 길
한없이 걸어가고 싶다

이 길 끝자락 산등성 저 너머에 뫼 있을까
사랑하는 그대
이 몸 애타게 기다리고 있는 것만 같다

그저 한없이 한없이
걸어가고 싶다

### 도시 안의 시골집

까만 대문 위까지 뻗어 나간
달덩이 같은 늙은 호박 주렁주렁

문간방 창을 타고 올라간 수세미
줄지어 매달리고

작은 텃밭에는 토마토, 고추, 상추, 쑥갓
현관 입구 양쪽에는 팬지, 베고니아

흙의 정직함과 고마움
큰 행복을 주었다

지금도 그리운 명륜동 옛집

## 벚꽃놀이

삼성 노블카운티 정원의
흐드러지게 핀 벚꽃 터널 아래서
벚꽃놀이하는 날

친구들 비록 나이는 많지만
모자와 선글라스 화려한 옷
멋을 내고 나온다

나도 뒤질세라 분홍색 꽃무늬 모자
연두색 점퍼 선글라스
한껏 멋을 내고 나갔다

막걸리와 김치전 도토리묵 수육
간간이 눈이 오듯 떨어지는 꽃잎
내 막걸리 잔에 살포시 앉는다

맛있게 먹어가며 친구들과 담소
즐거웠던 봄 내음 만끽했던 하루

## 어둠이 깔린 밤

창밖을 본다
땅거미 지고 어둠이 깔리니
까맣게 가라앉은 저수지와 숲
저 멀리 뜨문뜨문 아파트촌, 인가들
새어 나오는 불빛 어둠 밝히고
하늘에는 별이 반짝반짝
나와 속삭이기라도 할 듯
실눈 뜨고 걸려있는 초승달
저 불빛 속 각양각색 이름모를 사람들
그 무엇을 꿈꾸며 무슨 생각하고 있을까

### 어느 쾌청한 가을날

커튼을 연다 쾌청한 날씨
구름 한 점 없는 가을 하늘
둥근 해는 하늘에서 빛나고

저수지 물 투명 유리알 같다
잔잔한 물결 다이아몬드같이
찰랑찰랑 빛난다

알록달록 물든 숲
저 멀리 낮은 산들
산기슭에 흰색 아파트촌
확 트인 시야 행복한 마음

이 세상 모든 만물 또한
그대에게 감사한다

## 까치 소리

연못가 벤치에 앉으니
어디선가 들려오는 까치 소리

나무 위 까치 한 마리
이 나무 저 나무 옮겨 다니며
까악까 까악 까

아침 까치는 기쁜 소식 전해주는 전령
내 까치야! 내 까치야!

사랑하는 나의 님
오늘 밤 꿈에 만나자는
소식 전해주려 온 것이려니

## 저수지와 숲

창가에 앉아
기흥저수지와 청명산 숲 바라본다

저수지 물은 아침에는 은백색
점심에는 하늘색
점점 짙어져서 쪽빛 구름무늬 짓는다

숲은 푸른색 햇살 따라 빛나고
나의 마음에는 평화를
모든 시름 다 잊게 한다

물은 바로 그 물이요
숲은 바로 그 숲인데
어떻게 이렇게 아름다울까

## 그대의 환상

스포츠센터 빌딩 잔디 광장 쪽
문을 열었다

저 건너 푸른 잔디 푸른 나뭇잎
벤치에 앉은 사람
그대의 모습이다
베이지 바지에 모자를 쓰고
단아한 자태의 노신사
순간 가슴이 설레었다

산책로를 따라가
옆 벤치에 살며시 앉았다
가까이 보니 생소한 모습

나는 곧 자리를 떠서
산책 후 뒤돌아보니
노신사마저 사라지고 없다

잠시 동안의 환상
더욱더 그리워지는 그대

## 추억이 담긴 벤치 1

아무리 더워도 시원한 바람 부는 자리
지즐대는 새소리
그대와 나에게 평온과 행복 안겨준
추억이 담긴 벤치

찾아 헤매이다 선택한 곳
유일한 당신
늘 당신의 무릎에 안기어
이야기꽃을 피웠지

먼 훗날 기억을 더듬어
찾아가거든 우리들의 사랑 이야기
들려주길

### 추억이 담긴 벤치 2

그대와 둘이 앉았던
추억의 벤치 찾아가 앉았다

그대의 다정한 목소리
숨소리 들리는 것만 같다

나무들 새잎 돋아나고
매화꽃 산수유 개나리 진달래꽃
피어나 아름다움 뽐내고
옛 모습 그대로이건만

그대는 어이하여 그 모습 보이지 않는지

그리운 이여

### 4월의 연두 바다

온통 연두 바다
그렇게도 봄을 뽐내듯
아름답게 피었던 꽃들은 지고

단 한 그루 버티고 서 있는 모과나무
앙증맞은 연분홍꽃 피우고
이제는 나 혼자만이야 자랑하고 서 있다

군데군데 빨간 사철 단풍나무
저 멀리 푸른 소나무와의 조화

점점 뚜렷이 지즐대는 새소리
같은 소리 다른 소리 이런 소리 저런 소리
짹짹짹짹
제각기 짝을 찾아 사랑을 속삭이고 있다

오늘도 하루 해는 가고
붉은 해는 점점 서산 너머로
떨어지고 있다

그대와 손잡고 낙엽 쌓인
월정사 삼백 년 묵은 전나무 숲
바삭바삭 소리 내며 걸었던 추억

-「늦가을의 단풍나무」부분

# 2

이토록 샛노란 단풍

## 나의 생일

신록의 오월 화창한 날 나의 생일
오 남매 손주들 증손주 대가족

즐거운 축하파티
제각기 이야기보따리 시끌시끌
증손주 재롱 모두가 웃음꽃
대견하고 사랑스럽고 감사해
행복한 우리 가족

케이크 커팅 어쩌다 이런 나이 되었는지
비어 있는 나의 옆자리 텅 빈 가슴

잊지 않고 선물 축하해 주던 다정한 그대
오늘따라 그리워

## 사랑의 의자 둘

허리를 다쳐서 입원
소파에 앉기 힘들어졌을 때
그대 내 체형에 맞게
맞추어 준 사랑의 의자 두 개

등받이도 유선형 앉는 자리도 유선형
오직 하나밖에 없는 의자

십수 년간 내게 사랑받던 의자
내 허리 호전시킨 고마운 의자

오늘도 나는 그대 사랑 느끼며
그 의자에 앉아 글을 쓰고 있다

자상했던 그대 그리며

## 고마운 선물

전망 좋은 높은 곳에 살고 있다
때때로 흔들의자에 앉아
창밖을 내려다본다

눈 아래 청명산 기슭 푸른 숲 펼치고
그 건너 산줄기 따라 길게 휘돌아간
기흥저수지 푸른 물

어깨동무 산기슭 이곳저곳
흰색 건물 아파트촌

바다와 산을 좋아하는 나
호수와 산이 어우러진 아름다운 풍경

그대가 내게 주고 떠난 고마운 선물

## 당신의 생일

그대 떠난 지 네 번째 생일
울적한 마음, 부처님께 축원올렸다

나의 특기인 큼직한 탕수도미는 필수
온 집안 식구 모여 들썩들썩 축배를 들던
옛 추억 그립다

대전 현충원 장군묘역에 잠들고 있는 그대 유택
자식들과 모이기로 했다

평소에 좋아하던 스테이크 파이 커피 등
각자 정성껏 준비해온 음식으로 상차림
젊은 날 트럼펫 연주 좋아했기에
테너 안드레아 보첼리와 크리스 보티의 트럼펫 협연
은은하게 튼다

6월의 태양은 작열하게 비치고
파란 하늘 뭉게구름
뒤편 계룡산 산줄기 그대로인데
그대 모습 보이지 않는다

## 연꽃

청정한 불국세계의 상징
희생의 상징 연꽃

진흙 속에서도 오염되지 않는
군자의 자태
청아한 아름다움에 취해
삼매경에 든다

온몸 불살라 남김없이 내어주는 연꽃
사활 장엄 연화좌 되어
불보살님 편히 뫼시고
부처님 오신 날 각양각색 연등 되어
불 밝히고
온 누리에 광명 비춘다

내 마음 연꽃 되어
영원히 피어나리

## 백일홍

봄의 향연을 벌이던 꽃들은 지고
푸르른 나무 사이에
홀로 아름다운 백일홍 한 그루

지난날 그대와 나
유성온천을 거쳐 갑사에 가던 길목 코-너
빨간 꽃 큰 백일홍 한 그루
눈에 아른거린다

## 뭉게구름

유난히도 맑고 푸른 가을 하늘
흰 뭉게구름 두둥실 두둥실
저 구름 타고 가면
사랑하는 그대 계실까
구름아 날 좀 태워
그대 곁에 데려다주오

### 가뭄 뒤의 단비

기다리던 단비 밤새 내렸다
아침 정원의 초목들, 꽃들
춤추며 노래했다

거북이 등같이 갈라진 논밭
가슴 태우던 농민들
곧 쓰러질 듯 시든 농작물들
얼마나 목말랐을까

조선 시대 임금님들 가뭄이 들면
경회루 옆 초막 짓고 기우제 지내셨다

비 님이시여! 갑자기 폭우 되어
농작물 피해 입어
구릿빛 농민 얼굴에 눈물 흐르지 않도록
알맞게 내려주소서

## 느티나무 1

깊어가는 가을
연못 브리지 거닐며 바라보니
빨간 감 주렁주렁
노르스레 변하여 달려 있는 모과
샛노랗게 단풍 진 느티나무 한 그루의 조화
가을 햇빛 받아 눈부시게 빛난다
어찌 이 상큼한 색감 신묘한 아름다움
표현할 수 있으리
비록 반 고흐가 살아 숨 쉰다 하여도
그려내지 못하리

## 느티나무 2

내 고향은 느티나무 많은 고장
이곳저곳 아름드리 느티나무

국민학교 교정 한 모퉁이
우직하게 서 있던 느티나무 한 그루

그저 무심코 그 푸름 바라보며 그 그늘에 앉아
친구들과 재잘대며 한여름 더위 식혔거늘

이토록 샛노란 아름다운 단풍
미처 보지 못 하였구나

## 느티나무 한 그루

지난가을 그 황홀했던 단풍
한잎 두잎 떨어져 나목이다

모진 눈바람 맞으며
내년 봄 새순 피우려
꿋꿋이 서 있는 모습

우리네 인생 한꺼풀 한꺼풀 떨어져
세상뜬다해도
다시 그 몸에 연 맺을 수 없다
몸은 지수화풍地水火風으로 돌아가고
몸 바꾸어 윤회한다고 한다

인신난득人身難得이요 태산 같은 선업 닦아야만
사람 몸 받을 수 있다니 허무하다

## 가을이 왔네

어제까지 유난히 무덥던 여름 지나
밤새 내린 소낙비

저녁때 연못가에 앉으니
고막을 뚫을 듯한 매미 소리 간데없고

새들은 지즐대며 풀벌레 울음소리
산과 들 울긋불긋 물들기 시작

가을이 성큼 다가왔네
어김없이 변하는 계절

가을은 또다시 왔건만
그대는 돌아오지 않네

## 초가을의 풍경

삼성 노블카운티 정원
울긋불긋 단풍 물들기 시작하고
감, 모과 주렁주렁
늙은 호박 수세미 매달린 터널
나 홀로 거닐었다

꽃밭에는 코스모스 한들한들
바닥에는 샛노란 데이지, 이름 모를 야생화
사과의 빨간 뺨같이 예쁜 초가을 풍경

미구에 단풍 지고 낙엽 떨어지는
스산한 가을
그대 한층 더 그리워지겠지

## 가을 나들이

단풍의 가을
가을 나들이 떠났다
추억이 깃든 용평콘도에 짐을 푸니

그대의 스키복 모든 것이 그대로인데
그대 모습 보이지 않는다
그대 어디에

둘이서 스키를 타며 설원을 누비던
그때 그 시절 그리워

창밖엔 넓은 슬로프
붉게 물든 아름다운 가을 풍경

### 늦가을의 단풍나무

비 온 후 단풍 마지막 장식하듯
별빛처럼 선명하고 아름다워
노란 단풍 빨간 단풍 꽃빛 되어 있네

미구에 단풍잎 떨어지고 앙상한 가지
겨울에는 눈꽃 봄에는 파란 잎 싹 틔우겠지

이 아름다움 내 눈 속 깊은 곳에 간직하려
내가 사는 삼성 노블카운티 정원을
나 홀로 돌고 돌며 거닐었다

그대와 손잡고 낙엽 쌓인
월정사 삼백 년 묵은 전나무 숲
바삭바삭 소리 내며 걸었던 추억

그때가 그리워진다

# 할미꽃

어린 시절 본 할미꽃 보고파
할미꽃 보았다는 친구 앞세워
정원 끝자락 먼 곳까지 꽃 찾아갔다

젊어서도 늙어서도 할미꽃
꼬부라진 할미꽃
고개가 아프지는 않은지 애처로운 할미꽃

무슨 죄 전생에 지었기에 저렇게 꼬부리고 있는지
벼 익을수록 고개 숙이듯
하심下心하고 있는 것인지

어릴 때 뒷동산에 올라가
따스한 봄 햇살 맞으며 할미꽃 맞이하던 날처럼
인자하신 할머니 그립다

## 겨울 목련

정원의 브리지 창문에
닿을 듯 말 듯 서 있는 겨울 목련

날씨 탓인지
겨울 한가운데 꽃봉오리 맺어

추우면 웅크리고 따뜻하면
입 열려고 한다

어서 봄이 오너라 꽃봉오리 활짝 피어
우아한 꽃 피우리라 다짐하듯

초봄에 피울 꽃 한겨울에 벌써
준비하는 모습 유비무환의 자세

본받아야 할 일이 아닐는지

그대와 같이 보던 정월 대보름달
그대는 그 어디에서 저 달을 보고 있을까

-「보름달」부분

# 3 내 곁에 잠시

## 목련화

한겨울에도 꽃봉오리 맺어 봄 기다리던 목련
드디어 꽃잎 터뜨려 활짝 폈네

학처럼, 기품있는 선비처럼 우아한 모습
나도 그대 같은 모습 되고파

흰 함박 눈송이 송이 흠뻑
나뭇가지에 퍼부은 듯 순결한 모습

서울집 뜰 목련화도 이토록
활짝 외로이 피었겠지

## 대자연의 섭리

언제부터인가 대자연에 대한 눈길
조금씩 달라지는 느낌이 든다

꽃 이파리 잎사귀 나뭇잎 하나
허리 굽혀 유심히 관찰하는 버릇 생겼다

초봄에 피는 꽃 때맞추어 피고 지고
오월에 피는 장미도 색깔 모양 다르다

이름 모를 작은 꽃잎 꽃술
사람 모양 다르듯이 제각기 아름다움 뽐낸다

꽃 보노라면 세상 시름 다 잊는다
신기하기만 하다

그 누구의 조화일까

## 한 잔의 커피

창밖엔 봄비 부슬부슬
아침 산책 후 그대와 같이 마시던 한 잔의 커피

봄꽃 향기 가득한 삼청공원 카페
그윽한 커피 향
그때 우리는 정말 행복하였지

이제 자식들과 점심식사 후
카페에서 마시는 한잔의 커피

이런저런 이야기보따리
그대 보이는 듯 내 곁에 앉아

## 보름달

휘영청 밝은 보름달
그대와 같이 보던 정월 대보름달
그대는 그 어디에서 저 달을 보고 있을까
사무치게 그리워지는 그대

## 그대 떠난 지 첫 번째 첫눈

아침 일찍 일어나 창밖 내려다보니
밤새 흠뻑 쌓인 첫눈 온 세상 순백의 은세계
청명산 나뭇가지 가지마다 함박 눈꽃

흔들의자에 앉아 창밖을 바라보며
이런저런 상념
오늘은 그 사람 첫 번째 기일

그대 기일에 첫눈 오다니
그대 왕생극락이려니

그대 떠나기 전 첫눈 맞고 집에 돌아온 그대
'용서 고속도로 설경이 말할 수 없이 절경이야'
어서 구경가자 서둘러 그곳에 갔었다

'이를 어쩌나 아까 내가 본 그 아름다운 설경이 아니네'
아쉬워하던 그대

연못가 정원 주렁주렁 매달린 감나무

새빨간 감 위에 핀 새하얀 순백의 눈꽃
이 아름다움 영상에 담아 그대에게 보내 주고파

## 설날

희망찬 새 아침

어린 시절 예쁜 설빔 입고
할머니 할아버지 어머니께 세배
외가댁 대소가 어른들께
촐랑대고 다니며 세배
세뱃돈 받고 좋아했던 시절
그때 그리워

어느덧 세월은 흘러
그대 떠난 지 두 번째 설날
아침 차례 정성껏 지내고

이 먼 곳까지 자녀들 20여 명
빠짐없이 와 나에게 세배
돌도 안된 증손주 들쳐업고 온 두 손녀

서로 세뱃돈 주고 챙기고 야단법석
증손주 재롱에 웃고 맛있는 것 먹어가며 떠들썩
너희들은 나의 버팀목 행복하고 고맙다

모두가 제각기 떠나고 나 홀로 남은 횅한 방
유난히 쓸쓸한 그대 없는 빈자리

오늘 같은 날 얼마나 기뻐했을까

여보! 새해 안녕!

## 현관 앞 반송盤松

현관 앞 광장 안에
눈비 세찬 바람 아랑곳없이
꿋꿋이 서 있는 늘 푸른 그대
우리들의 지킴이

명절이면 가족들 예쁜 옷 입은 손주들
들석 들석 광장 메꾸기도 하고

매일 새벽 단아한 모습 등산복 차림으로
뒷산에 오르던 나의 그 사람
갑자기 보이지 않아 궁금하지 않았는지

밤중에 앰뷸런스 현관에 출동 실려만 가면
다시 그 모습 못 보는 일 수없이 겪었겠지

바로 이것이 허망한 인생이라오

반송이여 그대만은 천년만년
아름답고 푸르러
꿋꿋이 이곳 지킴이 되어주기를

### 새봄의 산책길

갖가지 아름다운 봄꽃 향연
벌이고 있는 큰 정원을 지나
새로 생긴 산책길을 찾았다

연두색 나뭇잎 푸릇푸릇
푸르름의 향 내음

새들의 지저귀는 노랫소리
민들레꽃 이름 모를 야생화와
눈인사 나누며

지팡이 벗 삼아 능선에 오르니
한눈에 보이는 영통 시가지
수많은 사람들 저 안에서
생존경쟁 위해 뛰고 있겠지

내려오는 길 조용한 벤치에 앉아
눈 감았으나 어른거리는 그대 얼굴

# 봄이 오니

법주사 가는 길 정일품 소나무
수령 500년
양평 용문사 은행나무
수령 1200년
미국 요세미티 공원 자이언트 세쿼이어 나무
수령 2700년
천하를 호령하던 진시황 수명 47세
우리의 성군 세종대왕
보령 53세 승하

수명을 지키는 데는
사람이 나무보다 못하단 말인가
영웅호걸도 어찌
하늘이 내린 수명 거역할 수 있으랴
만약 인류가 원하는 대로 생을 누렸다면
이 우주는 혼돈 그 자체
현재가 있을 것인가
대자연의 섭리

봄이 오니 마른 가지에 새싹 트고

매화 목련화 개나리 진달래 등
온갖 꽃 피기 시작
그러나 한 번 간 그대는 돌아오지 않네

행여 마른 가지에 꽃이 피듯
내 곁에 잠시라도 머물다 갈 수는 정녕 없을까

# 봄비

보슬보슬 내리는 봄비
언 땅을 비집고 저 파릇파릇한 순
솟아 올리는 봄비

나뭇가지에 꽃망울 새싹
이름 모를 식물들
고맙다고 웃고 있네

이른 아침 그대와 같이
우산 속에 하나 되어
봄비 맞으며 거닐던 삼청공원 길
그때 그리워

오늘은 64회 결혼기념일

## 찬스

좋은 찬스는 과감히 잡아야 한다
주저하면 사라지고 만다

그때 그 찬스 잡을 걸
후회하는 일도 더러 있다

좋은 찬스
운명을 바꿀 수도 있고
행운이 돌아온다

## 머리 커트와 시

벼르고 벼르다
머리 커트를 했다
개운하고 상쾌하다

문득 시 쓸 때
생각이 떠올랐다
군더더기 말을 커트하면
시가 상큼해진다

'을'이라는 조사 하나 커트해도
생큼해지는 것
느낄 때가 있다

더 과감하게
커트하고 응축한
상큼한 시 쓰고 싶다

## 바람

뜨거움 식혀 주는 여름바람
봄 향기에 취한 뺨 스치는 산들바람 봄바람
낙엽 지게 하는 스산한 가을바람
눈보라 휘날리게 하는 칼바람 겨울바람

파란 하늘에는 뭉게구름 두둥실
쪽빛 바다에는 일렁이는 파도 돛단배
썰물 밀물 부딪치는 파도 소리 아름다움

이 모두가 바람의 조화

## 분수

한증막 속 같은 날씨다
연못가 푸른 나무숲
벤치에 앉았다

두 대의 아름다운 분수 쐐- 쐐
이 청량감!
새하얀 포말 하늘로 치솟아 떨어지고
돌고 돌아 그 숨결 다시 또 떨어진다

마치 만사가 돌고 돌아 순환하는
세상 이치처럼

# 시

마음이 울적할 때
시 한 편 쓰면 평온해진다

모든 시름 잊고 무릉도원 찾아가
도연명 같은 시인되어 시를 벗 삼아

좋은 시 읊으면서 길이 남는 시 써가며
살 수만 있다면 얼마나 좋을까

창밖에 하늘을 보니 초승달이 실눈으로
나를 내려다보며 그래 그만하면
행복한 것 아니냐 하고 웃는 것만 같다

—「공기청정기」부분

# 4 지즐대는 새소리

## 아쿠아로빅

매일 아침 9시 아쿠아로빅
수업 끝에 하는 박장대소
마음이 후련하다

몇몇 친구들과
짝꿍 박수 짝짝 웃음꽃

그 사람 자신보다
무릎 아픈 나를 배려해
이곳 오기를 고집하더니

아무리 돌아보아도
그는 내 곁에 없다

## 짝 잃은 외기러기

오랜만에 만난 옆 동 친구
서로 호명할 정도로 친한 친구
몹시 초췌한 모습으로
우리 그 사람 이 세상 떠났어 하며
울먹인다

나는 몹시 당황하여 부둥켜안고
뭐! 웬일이야 어쩌지
어찌할 바를 몰랐다

그토록 기부와 선행 많이 하신 그분
천당으로 직행 자리 잡고 당신 기다릴 거야
이런저런 위로의 말

당신과 나, 이제는 둘이다 짝 잃은 외기러기야
하고 쓴웃음
갑자기 더 애처로워지고 가슴이 멘다

## 네 번째 첫눈

아침에 창밖을 내려다보니
첫눈이 사뿐사뿐 내리고 있다

청명산 숲은 눈꽃으로 하얗게 덮이고
산길이 더 뚜렷이 드러났다
그대 그 길을 단아한 모습 등산복 차림으로
내게 손을 흔들며 걸어가는 것만 같다

그렇게도 건강을 챙기더니
어찌 그리 돌아올 수 없는 길을 급히 떠나고 말았는지

그대 떠난 지 네 번째 첫눈이건만
첫눈이 오기 며칠 전 떠난 그대를
애처롭게 그리던 쓰라린 기억

매해 첫눈이 올 때마다
내 가슴은 미어지는 것만 같이 애리다

그대는 간 곳 없건만
눈은 지금도 사뿐사뿐 내리고 있다

## 그리움

우수수 떨어지는 단풍잎
가을비 부슬부슬
오늘따라 더 그리워지는 그대

그리움 승화되어
나의 버팀목과 양식이 된 그대

사람들은 세월이 약이라고 하지만
내게는 부질없는 소리

애써 잊으려 하지도 않고
그저 마음 가는 대로 그리움에 지쳐 살다가

그대 곁으로 가는 날
그리움 안고 가야지

## 첫눈

펑펑 내린다
불과 며칠 전만 해도 그대와 나는
창문을 열고 아! 첫눈이다!
즐거워했었겠지요

그대는 지금 차가운 땅속에서
쌓이는 눈을 머리에 맞고 있겠지요

나의 고운 명주 치맛자락으로
덮어 드리고 못다 한 말 이야기하며
이 밤을 지새우고 싶습니다

생사일여生死一如는 업業에 따라
옷만 갈아입고 다음 생을
맞이한다 하였습니다
여보! 부디 좋은 옷 갈아입고
아미타부처님 품 안에서 왕생극락하십시오

# 공기청정기

아들 형제 내외와 점심식사 중
황사 미세먼지가 심하니
공기청정기 샀으면 하는데
모델 선택이 문제라고 무심코 말하였다

그 며칠 후 느닷없이 배달된 공기청정기
아들 형제가 사 보낸 것
공연한 말 한마디 자식들에게 누를 끼친 셈
이동식으로 아주 마음에 들었다

그날 밤 나는 공기청정기 틀고
일전에 둘째 딸이 사 보낸 가습기도 틀고
편안한 잠을 청했다

창밖에 하늘을 보니 초승달이 실눈으로
나를 내려다보며 그래 그만하면
행복한 것 아니냐 하고 웃는 것만 같다

## 고맙다는 말

하는 사람 흐뭇
듣는 사람 기분 좋다

일본 살 때 보니 일본 사람들
유난히 인사 잘하고
사소한 일에도 꼭
고맙다는 말 자주 했다

요즈음 명퇴로 어깨 축 처진 아버지들
여보! 아빠! 그동안 수고했어요
고마워요 힘내세요
이 한마디 그들에겐 용기와 희망이다

가까운 사람일수록 고맙다는 말 자주 하고
서로 미소 지으며
사소한 일에도 고맙다는 말 한마디

우리네 삶이 훈훈해질 것만 같다

# 5월

푸르름 눈부신 오월
나의 마음 설레는 달
자비하신 부처님 오신 감사의 달

오색연등 종로 바다 메꾼 연등축제
저마다 얼굴엔 미소
환희의 달

부모님은 어찌 이리도 아름답고 희망찬 오월달에
나를 태어나게 해 주셨을까
감사 또 감사

오월은 나의 마음 들뜨게 하는 행복한 달

## 시곗바늘이여

어찌하여 요사이
부쩍 빨리 돌고 있다

그리 달리면
내 흰머리 주름 하나씩
더 생기는 것 모르는지

더러 뒤로도 돌고
멈추었다 돌기도 하였으면

내 방의 오랜 친구야
너만이라도 가는 세월
붙잡아 주었으면

## 탕수육

딸 셋과 먹은 탕수육
정말 맛있네

내 머릿속 온통 아들 생각뿐
빨리 일요일 되어
먹여주고 싶네

손꼽아 기다렸던 일요일
아들 형제 탕수육 먹고
엄마! 참 맛있어요 한다
흐뭇한 내 마음

## 매미 소리

연못가 벤치에 앉았다
시원하게 물줄기 뿜어 올리는 분수
푸르른 나무숲
귀청을 뚫을 듯 쐐-쐐 울어대는 매미 소리
지즐대는 새소리

서울집 뜰에서 아침잠을 깨우며 울어댔던
그대와 같이 들었던 매미 소리
시원한 음악 소리로 들렸거늘

7년을 땅속에서 은둔 허물 벗고 겨우 2주
목이 쉬도록 짝을 찾아 울어대고
생을 마치는

이제는 그 소리마저 애처롭게 들린다

## 새날 새 아침

설날 아침 동쪽 하늘 바라보니
영롱한 노을 산마루에 지고
산 능선을 뚫고 고개 내밀며
일어서는 웅장한 저 태양

새 아침 새 출발 새날의 태양
경건하게 합장하며 새해 소원 빌었다

어제 뜬 태양은 어제의 오늘 태양이고
내일 뜨는 태양은 내일의 오늘 태양이다
지금 이 찰나, 다시 오지 않는다

남은 여생 이웃과 사회에 봉사하는
값진 삶을 살리라
훗날 그대 품에 안길 때까지

# 센강 유람선상의 고희연

파리의 아들, 밀라노의 딸이 베풀어준
센강 선상 그대의 고희연
아름다운 에펠탑 조명을 뒤로
센강 유람선에 올랐다

유유히 미끄러지듯 유람선은 떠난다
우측에 보이는 노트르담성당의 반짝이는 조명
강 언덕에 빽빽이 앉아 무엇인가 속삭이는 파리 시민들
저 멀리 웅장하게 서 있는 개선문
연이어 흘러내려간 샹젤리제 조명, 조명, 조명

마주 앉아 스테이크, 샴페인 터뜨리고 케이크 커팅
마음껏 그대의 고희를 축하하였다
그저 사랑하기에 볼을 비비대며 웃고 또 웃고
참 그때 행복하였지

그때 그 행복 천년만년 가리라 다짐했지만
그대는 이 행복 뒤로 하고
그 어디 떠났는지 나 홀로 담겨두고

## 울진 대게

밤 10시경 벨 울렸다
엄마 나야 하고 맏딸
게 상자 안고 들어왔다

울진 근방 여행 갔다 엄마 드리려고
게 한 마리 샀는데 신선도 걱정되어
부랴부랴 출발하여 밤에 왔다 한다
고맙기 짝이 없다

게를 쪄서 맛있게 실컷 먹었으나
게를 무척 좋아하던 그 사람 생각난다

나는 아직도 그 사람과 더불어 살고 있다

## 아들의 생일

아침 일찍 아들 내외 와서
어머니 고맙습니다 하며 큰 절
왠지 가슴이 뭉클 눈시울이 뜨거워진다
그저 고맙다는 생각뿐

친정과 멀고 먼 천리길 대구로 시집가서
외로이 그 애 낳은 것이 엊그제 같은데
머리 희끗희끗 회갑이 지났으니
실감 나지 않는다

아들 내게 갈비 사주고 카페에 가
차 마시며 수다
나는 아들 앞에서는 수다쟁이 대화가 즐겁다

늘 일류학교 쑥쑥 들어가고 행정고시 합격
국가공무원 되어 기쁨과 희망을 주었던 아들

매일 저녁 전화 걸어 문안
주말마다 꼭 어미 방문하여
점심 같이하는 착한 아들

제 아버지와 꼭 빼어 닮은 아들
나는 그런 아들 무척 좋아하고 사랑한다
아들아! 생일 축하한다

# 막내딸 효녀 김청

엄마! 뭐 해
아침저녁으로 전화한다
내 외로움 달래 주는 청이

즈 아버지 몸이 편치 않을 때
청주에서 매일 같이 맛있는 음식 장만하고
현관서부터 아부지! 하고 소리치며 달려와
볼 비비고 뽀뽀하며 안아준다 즈 아버지 만면에 미소
유별나게 효성스러워 김청이란 애칭

너와 나는 단 한 사람 아비와 지아비를
사무치게 그리는 동지

네가 있어 어미는 행복하다

밤새 물 먹고 곧 터질 것만 같이 싱싱한
연두색 나무 이파리들
아직도 물방울 남아 햇볕에 반짝반짝

-「신록의 나뭇잎」 부분

# 5 개성 있는 여자

### 폭우 속 고속도로 달려온 아들

폭우가 쏟아지는 저녁
갑자기 천정이 빙빙 돌며
어지러웠다
달팽이관 미세한 이상 같다는 것

갑자기 외로움 엄습
그 사람 있었으면 얼마나
유난을 떨었을까

어김없이 아들 전화 밖은 장대비
자정이 넘어 폭우 속 고속도로
뚫고 달려온 아들
나는 화를 내고 야단쳤다
"마음이 안 놓여 견딜 수 없어서요"

아들 곁에서 푹 자고 일어나니
어지럼증 도망가고 말았다
아들의 효심이 몰아낸 모양

고마운 아들
네가 있어 어미는 행복하다

## 아버지 전화 한 통의 위력

아들이 대학 졸업하자마자
행정고시 하루 응시하고
시험 잘못 봐서
이번에는 포기하겠다고 고집불통
전혀 뜻하지 않은 일에 눈앞이 캄캄
법대 합격 시 장학금까지 받은 아들인데…

남편까지 출장 중
기다리던 남편 전화, 남편에게 S.O.S.

남편이 모르는 척 시치미 떼고 아들에게 전화
어찌 아버지 충언을 거역하랴

중앙부처 국가공무원 되어
아버지 뒤를 이었다

아버지 전화 한 통의 위력
아들의 운명을 바꾸어 놓았다

## 나의 이름 개성

평생 만족하여 무척 좋아하고 지냈다
삼대독자이신 아버지께서 나를 낳자
기뻐하시며 직접 지으신 이름 開(열 개) 聖(성인 성)

좋은 이름이라는 이름 해설을
한자 붓글씨로 써서 액자에 표구
지금도 내 침실에 걸려 있는 아버지 휘호
아버지 모습 떠올리면 힘이 생긴다

장소에 따라 나는 이름같이 개성 있는 여자이에요
하고 웃기기도 한다

흔히 개를 계로 오인하는 사람이 있다
나는 단연코 개천절 개 성탄절 성이에요
하고 당당하게 말하기도 한다

이름 덕분에 평생을 평탄하게 살았다

## 전화 한 통

아들 주말마다 어미 방문 즐거운 회식
매일 저녁 하루도 빠지지 않고 안부 전화 한 통

여행을 좋아하는 아들
이제는 가다 못해 스코틀랜드까지
두 내외 여행을 떠났다

떠난 지 이틀 후
따르릉따르릉 이상한 신호
아들 전화였다
어머니 에든버러에요
어찌나 반가운지 터지도록 행복하다
그곳은 낮 두시라 한다
돈 아끼지 말고 맛있는 것 사먹으래이
그 후 스카이아일랜드 등지에서 이틀에 한 번꼴로 전화
시간 맞추기 힘들 터인데

떠날 때 어미는 매일 저녁 네 전화 받는 게 낙인데
심심해서 어쩔꼬 한 말이 걸렸던 모양
나는 세상에서 가장 행복한 엄마다

## 아들의 흰머리

어머니 감사합니다
제 회갑 날이에요
장남이 큰절한다

어느새 머리에 흰 서리가 내렸는지
가슴 애리다
내 나이 잊은 채 늘 패기 넘치는
젊은이로만 알았거늘

유년시절 개구쟁이
야구 좋아하는 골목대장
이제는 손자 셋 머리 희끗희끗 할아버지

정직하고 책임감 강해 어미 도와
집안 잘 다스리는 든든한 장남
너 있음에 어미는 행복하다

## 우리 집 여인들의 단복

지난겨울 둘째 딸
다운 코트를 싼값에 발굴
우리 집 여인들 여섯이 모두 샀다

다음 설날 성묘 때 약속이나 한 듯
똑같이 입고 나와 단복이 되었다
아들, 웬 단체복이에요 여사님들
우리는 서로 쳐다보며 뜻있는 웃음

알뜰살뜰 살림하는 딸의 모습
보기에 흐뭇하다

30이 갓 넘은 외손자
엄마 같은 배우자 만나는 것이
소원이라 한다

## 64년도 동경올림픽

오늘은 동경 올림픽 개회식 날
우리 부부와 맏딸은
노란 색동저고리와 빨간 다홍치마
고운 한복 차림으로
개회식에 참석했다

딸이 입은 한복 무척 화려하고 아름다웠다
외국 사람들 뷰티풀을 연발하며
카메라 플래시 터트렸다
그이와 나는 명절 때 입는 코리언 드레스라고
열심히 설명했다

판타스틱한 개회식 행사
태극기 앞세우고 우리나라 선수 입장
나도 모르게 눈물, 박수 또 박수

사소한 일이지만
코리언 드레스를 알리는 것도
작은 애국이 아닌가 싶어
마음이 흐뭇했다

## 순애보

한파가 몰아닥친 어느 날
어느 봉사단체 동료와 함께
방문한 한강 변 장애인 천막

머리를 길게 늘어뜨리고 직각으로 앉아
무릎으로만 걷는 앉은뱅이 여인
그 옆에 서 있는 준수한 자원봉사 청년

이들은 얼마 전 결혼을 했다
믿기지 않는 놀라운 일
숨어있는 천사 순애보 사랑
매년 한파가 오면
어떻게 살고 있는지
생각나는 천사부부

신의 가호로 행복하게 살리라 믿는다

### 첫 손자의 혼례식 날

울려 퍼지는 웨딩마치
신랑 신부 입장 선남선녀
신랑 아버지의 독특한 스타일의 주례사

조촐하면서도 나름대로
품격있는 결혼식 올렸다

우리 집 고유의 혼례복 사모관대
족두리 용잠 등으로 신랑 신부 치장
내게 먼저 폐백을 드렸다

가슴이 터질 만큼 기쁘다
옆자리는 비어있다
그대 내 곁에 있었으면 얼마나 기뻐하였을까

## 할아버지와 손자

나는 장군님의 손자야!
자긍심, 자신감에 차
할아버지를 롤모델로 삼고
유난히 따르며 존경하던 손자

어릴 때 차에 대한 흥미가 많아
할아버지 좋은 차 타게 해드릴 터이니
오래오래 사세요

음 좋은 차 무슨 차 벤츠, BMW
아니에요, 외제부품으로 제가 직접 만든
세상에서 제일 좋은 차에요
오! 그래 손자 안아주며 기쁨에 찬 행복한 웃음

그토록 사랑하던 손자 장가가던 날
손자 폐백드릴 때
할아버지 생각에 눈물 글썽

나 또한 빈 옆자리 가슴이 멘다
그 사람 이런 날 얼마나 기뻐했을까

## 한파

국민안전처 한파 경보
대설경보

쪽방 살이 독거노인
천막 속 노숙자

이 강추위 배고픔 어찌 견딜까
괜스레 걱정 가슴 아프다

### 신록의 나뭇잎

밤새 비가 내렸다
신록의 오월 초 어느 아침
브리지를 거닐며 바깥풍경 보았다

밤새 물 먹고 곧 터질 것만 같이 싱싱한
연두색 나무 이파리들
아직도 물방울 남아 햇볕에 반짝반짝
처음 느낀 나무이파리의 아름다움 신묘한 색감
어떤 이름있는 화가도 그려내지 못하리
차라리 내가 화가 되어 그려내고 싶어라

꽃만 아름다운 줄 알았더니
오월 초 나무에 꽃이 피듯 연두색 이파리
신묘한 아름다움

내 나이 되돌려 오묘하기 짝이 없는
대자연의 아름다움을 더 좀 만끽하고 싶어라

## 전국 제일의 장수마을 내 고향 괴산

무척 사랑한다
나에게 힘을 실어주고 자긍심 갖게 해준 고향
괴산은 전국제일의 장수 마을, 당연지사
산천이 수려하고 공기 맑은 청정지역
예로부터 인물을 많이 배출한 양반 고장

청천면 화양동, 선유동은 관광명소
우암 송시열 선생이 태어나신 곳
친정아버지 유년시절 보내시던 곳
신동이라 소문이 파다하여
괴산읍 내 손꼽히는 명문가 따님 우리 어머니와
백년가약 맺게 되어 우리 5남매를 나셨다

괴산은 과거길 새재를 넘어 꼭 거쳐야 할 요지
새로 생긴 칠성댐 올레길 많은 관광객 불러들이고 있다

괴산은 효자마을이다
집집마다 부모님 극진히 모시고
이목이 두려워서도 늙고 병든 노부모를 요양원에 모시지 않는다

## 우리 어머니

어머니는 서울에서 의대 다니는 오빠 집으로
몰래 도망하여 이화학당에 다니셨다
대로하신 외조부모님은 어머니 굳은 결심 꺾지 못하셨다
배꽃 모양 배지 소중히 간직하시던 모습 눈에 선하다

부유한 집 따님으로 삼대독자 아버지와 혼인하여
3남 2녀를 두시어
이씨 문중의 며느리로 칭송을 받으셨다

여자가 무슨 대학이냐 시집이나 잘 보내지
친, 외할머니의 추상같은 반대를 무릅쓰고, 어머니는
맏딸인 나를 대학에 보내주셨다, 또한
시골에 사시며 동생 네 명을 다 대학원을 거쳐
두 명의 박사가 탄생토록 뒷바라지하셨다

일 년에 열두 번 제사를 모시는 와중에도
괴산지구 부인회장을 도맡아 하신 신여성 어머니

그 사람 뜻밖에 일본 동경에 정부 발령을 받았을 때
걱정 말고 어서 빨리 네 남편 따라가거라 등 떠미시고

두 살, 네 살의 어린 두 딸을 길러주신 어머니 고마워
눈시울이 뜨거워진다

새하얀 모시 적삼 옥색 모시 치마
꽃댕이 가죽신, 꽃무늬 흰 양산 받으시고
친정 나들이 가시면 눈부시도록 고우셨던
어머니 자태 눈에 아른거린다

어머니 – 어머니 –
소리쳐 불러도 대답이 없다
태산 같은 은혜 어떻게 갚을까
고마운 우리 어머니 그리운 우리 어머니

## 존경하는 스승님

여고 시절 화학 선생님
송강 정철 후손답게
선비같이 고고하신 선생님
무척 아끼시고 사랑해주신 선생님

선생님이 좋아서 화학이 좋아서
나는 이공계 대학을 선택했는지도 모른다

선생님은 서울약대 전신인 서울약전 출신
나의 대학합격 통지에 가장 기뻐하신 선생님

같은 동문이 되었구나 하시면서
손때 묻은 대학 참고서적
한 보따리 싸주시던 선생님

고향마저 내 고향 괴산의 연풍면
오실 때마다 꼭 우리 집에 들르셔서
친정아버지와 환담하셨던 선생님

반백 년 넘은 긴 세월 같이했던 우리 사제지간
소중했던 선생님 지금 춘추 96세
노쇠하시어 전화드려도 못 받으신다
안타까운 일 가슴이 멘다

스승님 떠나시는 날에 부모님 진배없이
흐르는 눈물 주체 못 할 것 같다
어찌 여고 시절 스승님 은혜 잊을 수가 있으랴

# 어느 날 일본 동경의 전철에서

일본 동경에서 어느 날 전철을 탔다
내 앞에서 신문을 보던 중하위층 중년 남자
갑자기 큰 소리로 나라도 쬐끄만 주제에
대-한민국이라니 말도 안 돼 혀를 차며
신문을 확 제치고 비아냥거렸다

앞에 서 있던 나 몹시 화가 치밀어
무엇이 어째하고 대들고 싶었다
꾹 참고 속말로 역사도 우리보다 짧고
나라도 쬐끄만 섬나라 사람 주제에
대-일본제국이라니 다를 게 뭐냐 분을 삼켰다

나는 일본에 사는 5년여 동안
되도록 신분을 드러내지 않고 묵묵히
미묘한 국교 관계에 있는 일본인의 한국관 등
이모저모를 살피고 다녔다

대한민국 국민으로서의 자긍심을 가지고
그들에게 책잡히는 일 없도록
품위 유지에 신경을 쓰며 살았다
둘도 없는 애국자처럼

# 하늘

푸른 하늘 뭉게구름
설레게 하네
맑은 하늘 내 마음 맑게 하고
찌푸린 하늘 어둡게 하네

때로는 비 내리어 울적케 하고
송이송이 함박눈 뿌려 동심에 깃들게 하네

때로는 천둥 번개 죄지은 사람 호령하고
저녁노을 아름다움 보여 주기도 하네

아침이면 해 띄워서
우주의 광명 비추어 만물 생성케 하고
밤이면 달 띄워서 가신 님 그리게 하며
수많은 별 반짝이어 낭만을 주네

비행기 우주선 띄워
광대무변한 우주 하나로 묶고 소통하고
우주 지배하는 우주의 왕
위대한 마술사이다

| 수필 작품 |

# 회혼례를 치르고

    2012년 3월 14일, 우리는 결혼 60주년인 회혼례를 맞게 되었다. 서울 롯데호텔에서 고증에 의해 전통방식으로 국악인의 풍악이 울리는 가운데 회혼례를 거행하였다. 주최 측에서 남편이 벼슬을 하였다 하여 실물과 다름없는 곤룡포를 준비해 주어서 곤룡포를 입고 나는 덕혜옹주의 혼례복을 모방한 활옷을 입고 용잠 비녀 족두리 낭자 연지 곤지를 찍고 회혼례를 올렸다. 가족 전체는 한복을 입고 손자 태우와 외손녀 다빈은 청사초롱을 들고 외손자 승환이 함진 아비가 되어 함 사려 – 함 사려 – 외치며 며느리와 딸이 부축하는 가운데 혼례복 입은 노신랑 노신부가 입장하여 회혼례를 올렸다. 하루 종일 걸릴 만큼 예식의 절차는 진중했다.

  결혼 60주년 되는 회혼례는 아무나 할 수 있는 것이 아니다. 첫째 귀밑머리 마주 풀은 조강지처라야 하고 둘째 자식을 앞세우지 말아야 하고 셋째 자식들 중에 이혼한 사람이 없어야 하는 등 여러 가지 조건이 맞아야만 할 수 있는 자격이 있는 것이다. 그래서인지 회혼례가 흔치 않아서 롯데호텔에서도 년 2~3회 정도밖에 없다고 한다. 우리 부부가 열매를 맺어 22명의 대가족이 되었고, 한자리에 모여 자식들이 정성껏 회혼례를 올려주었다. 자식들 부담이 크지 않았나 싶어 마음이 쓰였다. 60년 동안의 삶이 주마등같이 스쳐 가며 이토록 복을 내려주신 부처님께 감사드리며, 60년 동안 희로애락을 같이한 남편과 효성이 지극한 자식들에게도, 모두에게 감사하며 감개무량한 하루였다.

돌이켜 회상하니 나는 공직자의 아내로서 되도록 그이에게 누가 되지 않도록 노력하였으며 남편이 밖에서 열심히 일하느라 수고가 많아 집은 쉼터가 되어 편히 쉴 수 있도록 항상 배려하였다. 그리고 남편이 유난히 올곧고 청렴하기 때문에 근검절약하면서 어떻게든 잘살아 보려고 애를 써왔다. 그리고 나는 완벽주의자랄까, 무엇이든 적당주의가 없고 끝장을 보는 성격이기 때문에 항상 눈코 뜰 새 없이 바쁘고 고달팠다. 하고 싶은 취미 생활도 너무 많았는데 늘 바빠서 제대로 하지 못 한 것이 무척 아쉽다.

자식들 모두 일류학교 나오고 모두 착실하며 중책에 앉아 잘살고 있으며 효성이 지극하여 우리 노부부에게 온갖 정성을 다하여 효도하고 있으니 다행이 아닐 수 없다. 손주 10명도 총명하여 학교를 잘 나오고 착실하니 고마울 따름이다. 우리는 60년 기나긴 세월 동안 서로 끔찍이 아끼고 사랑했다. 행복한 부부이다. 그냥 이 행복 그냥 이대로 둘이서 끝까지 손잡고 오래오래 건강하고 행복하게 해로하였으면 하는 염원 간절히 부처님께 기원한다.

2012년 3월 14일

나의 고운 명주 치맛자락으로
덮어 드리고 못다 한 말 이야기하며
이 밤을 지새우고 싶습니다

-「첫눈」부분

작품해설

## 생사의 속박에 갈려 이별의 슬픔으로 엮어내는 사부곡

지연희 시인

| 작품 해설 |

# 생사의 속박에 갈려
# 이별의 슬픔으로 엮어내는 사부곡思夫曲

지연희(시인)

　　　　　이상을 세워 뜻을 이루려는 사람의 굳은 의지는 용광로의 불꽃만큼이나 강렬하다. 남녀를 불문하고 나이를 불문하고 시들지 않는 갈망으로 분연히 일어선다면 꿈의 크기만큼 제2의 삶을 이루어 낼 수 있다는 사실을 확인하게 된다. 평균 생명 연령이 연장되어 100세 시대를 내다보게 하는 작금의 시대적 흐름은 삶의 패턴을 변화시키고 있다. 예술의 전 장르를 망라하여 문학, 미술, 음악 등에 관심을 두어 열정의 꽃을 피워내고 신세대 예술가로 부각되는 사람들이 증가되고 있다. 젊음의 시간 삶의 무게로 미루어 놓았던 문학 수업에 혼신을 다하는 사람들을 만나는 일이 생소하지 않다. 후문학파로 불리어지는 '시니어 문단'의 활발한 활동은 그 세를 가늠하기 무서울 정도이다. 한국문인협회 인구 1만4천 명을 기준하여 상당수에 해당하는 범위의 문인들이 활동하고 있다는 현실을 확인하게 된다. 끈기 있는 열정과 집념으로 뭉친 신 문단의 변화는 든든한 울타리가 되는 새로운 동력이기도 하다. 시, 수필, 소설 장르에까지 연령을 초월하여 성장 활성화 되고 있는 것이다. 비단 일본 열도를 감동의 크기로 물들였던 98세에 첫 시집을 출간한 일본 시인 시바다 도요가 아니더라도 어떤 일을 시작하겠다는 의지만 세울 수 있다면 이룰 수 있다는 실례가 적지 않다. 그릇은 그 용기의 기능에 따라 적합한 내용물을 담아내게 된다. 시문학의 그릇에 담아내는 한 편 한 편의 시들이 모여 한 권의 시집이라는 이름으로 명명 되어질 때 시집은 제 사각의 성질에 합당한 색감을 표출히게 된다. '아– 이 시집이 말하려 하는 것은 그리움이였네'라고 명료히 전할 수 있는 특화된 앙금 같은 것이 시집 한 권이 독자에게 전하려 하는 중심축이다. 색감이란 그만이 지니고 있는 특별한 발색이다. 문학적 용어로 말하자면 그 시집이 독자에게 전달하는 '메시지' 혹은 '주제 의식'이다. 이는 한 편 한 편의 시가 시인의 감성으로부터 말하려 하는 목적의식이기도 하고, 한 권의 시집이 전하는 명쾌한 답신이다. 2016년 문파문학 신인상을 받고 문단에 등단하여 89세의 연만한 연륜의 연세로 읊고 있는 이개성 시인의 시집은 생사의 속박에 갈려 이별의 슬픔으로 엮어내는 사부곡思夫曲이다. 사랑

| 작품해설 |

하는 남편을 그리워하며 노래한 그리움의 연서는 당신, 혹은 그대라는 이름으로 생사의 거리를 허물고 있다.

> 깊고 단 낮잠을 잤다
> 눈을 뜨는 순간
> 벽에 걸린 초상화 속 당신
>
> 단아하고 정겨운 모습으로
> 나를 바라보고 있다
>
> 웬 낮잠이요 어디 아픈 데는 없는지요
> 아니요 좀 피곤해서요
>
> 60여 년 동안 존경하고 사랑하며 살던
> 당신과의 삶 내겐 큰 축복이었지요
>
> 당신 고마워요 사랑해요
> — 시 「당신의 초상화」 전문
>
> 그대는 바늘 나는 실
> 새벽이면 삼청공원 산책
> 바늘은 일터 실은 집

● 작품 해설

용평스키장 골프장 전시장 영화관
　　　어디를 가든 바늘과 실

　　　결혼 60주년 회혼례
　　　롯데호텔에서 풍악 울리고
　　　당신은 사모관대 나는 연지곤지 찍고
　　　족두리 낭자 화려한 혼례복
　　　새신랑 새 각시되어 전통 혼례식
　　　성대히 거행 행복의 극치!

　　　그리고 어느 날 그는 홀연히 세상을 떠났다

　　　졸-졸 매어 달려 따라다니던
　　　나는 어찌하라고
　　　　　- 시「바늘 가는 데 실 간다」 전문

　부부의 인연은 하늘에서 맺어주는 천운에 연유한 것이라 한다. 억겁의 인연을 등에 지고 와 하나가 되는 이 절박한 인연으로 60년을 해로해 온 삶은 쉬운 일이 아니다. 얼마나 거룩한 믿음과 신뢰로 이룩한 일체의 미학일지 생각하게 한다. 어느 날 깊고 단잠을 자고 깨어나 시선에 마주친 남편의 초상화를 마주하며 마치

| 작 품 해 설 |

살아 있기나 하듯 대화를 나누는 시 「당신의 초상화」는 죽음이라는 이별에 깃들어 생명의 온기는 사라졌다 하지만 부부의 대화는 생시와 같이 소통되고 있다. '웬 낮잠이요 어디 아픈 데는 없는지요/아니요 좀 피곤해서요' 함께 나누는 대화는 서로 걱정하며 챙겨주고 답하는 생전의 습성 그대로의 연속이다. 당신을 60여 년 동안 존경하고 사랑하며 살아왔던 삶의 시간들은 모두 큰 축복이었다는 아내의 고백이 '당신 고마워요 사랑해요'로 귀결되는 아름다운 사부곡이다. 또한 신뢰와 존경으로 생을 함께 한 부부의 애틋한 사랑의 표증이 아닐 수 없다.

평소에 보여준 부부의 금슬은 시 「바늘 가는 데 실 간다」는 시 속에서 더욱 극명하게 예측하게 한다. '그대는 바늘 나는 실/새벽이면 삼청공원 산책/바늘은 일터 실은 집//용평스키장 골프장 전시장 영화관/어디를 가든 바늘과 실'이었다는 것이다. 멋진 신사의 풍모로 아내를 아끼던 남편의 사랑이 '바늘과 실의 고리'로 늘 함께하는 여정이였음을 보여준다. 어떤 시에선가 남편을 영국 신사 같았다는 비유로 소개하였듯이 아내 이개성 시인에게 남편은 절대적 존경의 대상이며 바람막이 같던 보호자이며 의지였다. 그러나 어느 날 그가 돌연히 세상을 떠났을 때 아내는 "나는 어찌하라고"라는 절규를 하게 된다. 졸-졸 매어 달려 실처럼 따라다니던 "나는 어찌하라고" 당신의 무심을 질책하고 있다. 그만큼 홀로 남겨진 실의와 슬픔이 절실하게 드러나는 부분이어서 부부의 참다운 사랑을 확인하게 된다.

소리쳐 불러도
그대 메아리치지 않네
찾아 헤매이고 헤매여도
그대 모습 보이지 않네

먼 훗날 나 그대 찾아
달려가거든 두 팔 활짝 펴서
반기며 안아주겠지요

그리웠노라고

     - 시 「그리워」 전문

드높고 파란 가을 하늘
흰 뭉게구름 두둥실
따스한 가을 햇살 내 뺨 어루만진다

길가엔 코스모스
한들한들 연보랏빛 구절초
새들이 노래하는 숲속 길
한없이 걸어가고 싶다

| 작품해설 |

> 이 길 끝자락 산등성 저 너머에 되 있을까
> 사랑하는 그대
> 이 몸 애타게 기다리고 있는 것만 같다
>
> 그저 한없이 한없이
> 걸어가고 싶다
> – 시「한없이 걸어가고 싶다」전문

시집「추억이 담긴 벤치」는 오로지 남편을 향한 사부곡임을 앞서 제시한 바 있다. 몇 편의 작품을 제외한 모든 정서가 그대를 향한 그리움이며, 함께한 추억을 재생시키는 대개의 시편들에서 느낄 수 있듯이 아름다운 수채화 같은 영상을 연상하게 한다. 선명한 스토리의 이미지를 통하여 어떤 이야기를 시작하는 그대가 주인공인, 그대를 위한 그대를 향한 그리움이다. '소리쳐 불러도/그대 메아리치지 않네/찾아 헤매이고 헤매여도/그대 모습 보이지 않네'라는 절박한 절규로 불러보지만 그대의 화답은 돌아오지 않는 메아리일 뿐이다. 시「그리워」는 그리움의 크기를 그리움의 질감으로 산술해 내는 절대성을 보여 주는 시라고 보아야 한다. 이는 먼 훗날 그대를 찾아 달려가 두 팔 벌려 반기며 안아줄 것이라는 기대로 약속하게 되는데 이는 끝내 돌아오지 않는 메아리의 위로로 마무리하게 된다. '그리웠노라'는 한 행의 특정한 점묘로 그려내고 있다.

시「한없이 걸어가고 싶다」는 시를 감상하며 필자는 이개성 세 시인의 연시가 얼마나 절실한 그리움의 아픔으로 점철되어 있는가를 피부로 느낄 수 있었다. 드높은 파아란 가을 하늘, 흰 뭉게구름, 내 뺨을 어루만지는 가을 햇살, 코스모스, 구절초 새들이 노래하는 숲속 길을 걷고 있지만 이 가늠할 수 없는 외롭고 쓸쓸한 심사를 어디에도 채울 수 없음에 고뇌하고 있다. 어디든 한없이 걸어가고 싶다는 짝 잃은 외기러기의 소회를 극한으로 보여 주는 심리적 표출이다. '이 길 끝자락 산등성 저 너머에 되 있을까/사랑하는 그대/이 몸 애타게 기다리고 있는 것만 같다' 저 산등성 너머 사랑하는 그대가 나를 기다릴 것만 같은 생각으로 그냥 그저 한없이 한없이 걸어가고 싶은 심정이다. 외롭고 쓸쓸함 속 그대 그리움의 가뭇없는 표현이다.

   *그대와 둘이 앉았던*
   *추억의 벤치 찾아가 앉았다*

   *그대의 다정한 목소리*
   *숨소리 들리는 것만 같다*

   *나무들 새잎 돋아나고*
   *매화꽃 산수유 개나리 진달래꽃*
   *피어나 아름다움 뽐내고*
   *옛 모습 그대로이건만*

| 작 품 해 설 |

그대는 어이하여 그 모습 보이지 않는지

그리운 이여
 - 시 「추억이 담긴 벤치 2」 전문

스포츠센터 빌딩 잔디 광장 쪽
문을 열었다

저 건너 푸른 잔디 푸른 나뭇잎
벤치에 앉은 사람
그대의 모습이다
베이지 바지에 모자를 쓰고
단아한 자태의 노신사
순간 가슴이 설레었다

산책로를 따라가
옆 벤치에 살며시 앉았다
가까이 보니 생소한 모습

나는 곧 자리를 떠서
산책 후 뒤돌아보니
노신사마저 사라지고 없다

● 작품 해설 _____

> 잠시 동안의 환상
> 더욱더 그리워지는 그대
> 　　　－ 시 「그대의 환상」 전문

　시 「추억이 담긴 벤치 2」, 시 「그대의 환상」을 감상하며 과연 이 시는 머지않아 맞이하게 될 90 노인의 감성으로 구조한 언어들인가를 생각했다. 남편과 함께 거닐던 길, 남편과 함께 앉았던 벤치를 추억의 통로로 회억하는 두 편의 시는 '그대'라는 이름으로 불리어지는 따뜻한 마음결의 연시戀詩임에 분명하다. '그대와 둘이 앉았던/추억의 벤치 찾아가 앉았다//그대의 다정한 목소리/숨소리 들리는 것만 같다'고 한다. 그러나 이 벤치에 그대는 없고, 나무에는 새잎 돋아나고 매화, 산수유, 개나리, 진달래 피어나 옛 모습 그대로임을 확인하고 있다. 하지만 '그대는 어이하여 그 모습 보이지 않는지'를 묻고 있다. 사지로 떠난 이가 비워낸 자리에 앉아 곁에 존재하지 않는 이에 대한 그리움 묻은 사랑의 토로이다. 시 「그대의 환상」 또한 생전의 그대를 만난 듯 가슴 설레는 환상에 젖게 되는 과정을 그려내는 시이다. '저 건너 푸른 잔디 푸른 나뭇잎/벤치에 앉은 사람/그대의 모습이다/베이지 바지에 모자를 쓰고/단아한 자태의 노신사/순간 가슴이 설레었다'는 이 과정을 유추하면 완전한 착각이다. 그대가 분명 그 벤치에 앉아 있다는 오인이지만 얼마나 믿고 싶었던 환상이었을까 이해하게 되면 '믿을 수 없는 사실이지만, 믿고 싶은 마음'의 크기를 가늠하게 된다. '산책로를 따라가/옆 벤치에 살며시 앉았다/가까

| 작 품 해 설 |

이 보니 생소한 모습//나는 곧 자리를 떠서/산책 후 뒤돌아보니/노신사마저 사라지고 없다'는 빈자리의 허망함으로 더욱더 그리워지는 그대를 부르고 만다. '그리운 이여-'.

> 봄의 향연을 벌이던 꽃들은 지고
> 푸르른 나무 사이에
> 홀로 아름다운 백일홍 한 그루
>
> 지난날 그대와 나
> 유성온천을 거쳐 갑사에 가던 길목 코-너
> 빨간 꽃 큰 백일홍 한 그루
> 눈에 아른거린다
>      - 시 「백일홍」 전문

> 유난히도 맑고 푸른 가을 하늘
> 흰 뭉게구름 두둥실 두둥실
> 저 구름 타고 가면
> 사랑하는 그대 계실까
> 구름아 날 좀 태워
> 그대 곁에 데려다주오
>      - 시 「뭉게구름」 전문

● 작품 해설 _____

이개성 시인의 시의 중심축에는 온통 '그대'를 향한 그리움의 몸짓이지만 그 그리움을 깁는 배경은 자연 속 사계가 숨 쉬고 있다. 이는 삶의 터전이 수려한 자연환경 속에 소속되어진 배려 때문일 것이다. 그대인 남편과 함께했던 노년의 거처는 봄에서 겨울까지의 시간을 통하여 변화하는 자연의 아름다움을 체득할 수 있었던 까닭이다. 그리고 시인의 숨은 시심의 거처에는 자연의 아름다움에 대한 동경이 기억 속에 남아 소통하고 있다는 것이다. 시 「백일홍」은 유성온천을 거쳐 갑사에 이르는 골목 어귀에서 만난 백일홍 붉은 꽃의 아름다움을 말하고 있다. 물론 그대와 함께한 여행 중에 마주친 인연이다. '지난날 그대와 나/유성온천을 거쳐 갑사에 가던 길목 코-너/빨간 꽃 큰 백일홍 한 그루/눈에 아른거린다'는 짧은 단상이다. 눈에 아른거릴 만큼 각인되어 '그대와 나'의 추억을 잇는 튼실한 고리이다.

　여섯 행의 짧은 형식을 취하고 있는 시 「뭉게구름」은 유난히 맑고 푸른 가을 하늘을 바라보는 시인의 시선을 따라가게 한다. 흰 뭉게구름 두둥실 떠 있는 하늘을 바라보며 그대가 있을 것 같은 생각에 머물고 있는 시인의 세상 속을 비춰보았다. 마침내 저 구름 타고 가면 혹여 만날 수 있을 거라는 기대를 세우고 '사랑하는 그대 계실까/구름아 날 좀 태워 /그대 곁에 데려다주오' 애원하게 된다. 산등성 너머에서 나를 기다리고 있을 것 같은 믿음처럼, 저 구름 타고 가면 사랑하는 그대 계실까 싶은 생각에 구름을 불러 '날 좀 태워 그대 곁에 데려다주오' 부탁하는 것이다. 평

| 작 품 해 설 |

생의 순연한 사랑이, 혼인 60년 회혼례에 이르는 거룩한 믿음의 사랑이 한줄 동아줄에 묶여 훼손되지 않는 영원한 사랑의 끈으로 연결되어지는 뿌리 깊은 사랑의 농도를 가늠하게 된다.

> 한증막 속 같은 날씨다
> 연못가 푸른 나무숲
> 벤치에 앉았다
>
> 두 대의 아름다운 분수 쐐- 쐐
> 이 청량감!
> 새하얀 포말 하늘로 치솟아 떨어지고
> 돌고 돌아 그 숨결 다시 또 떨어진다
>
> 마치 만사가 돌고 돌아 순환하는
> 세상 이치처럼
>
> - 시 「분수」 전문

> 봄이 오니 마른 가지에 새싹 트고
> 매화 목련화 개나리 진달래 등
> 온갖 꽃 피기 시작
> 그러나 한 번 간 그대는 돌아오지 않네

● 작품 해설

*행여 마른 가지에 꽃이 피듯*
*내 곁에 잠시라도 머물다 갈 수는 정녕 없을까*
*― 시 「봄이 오니」 중에서*

　불경에는 생명이 있는 것들은 죽어도 다시 태어나 생이 반복된다는 윤회사상을 전하고 있다. 절실한 불교 신자인 이개성 시인의 기도는 어쩜 '만사가 돌고 돌아 순환하는 이치처럼' 그대가 다시 이생으로 돌아오는 꿈을 꾸는지 모른다. '행여 마른 가지에 꽃이 피듯/내 곁에 잠시라도 머물다 갈 수는 정녕 없을까' 온통 가득한 그리움으로 충만하다. 시 「분수」와 시 「봄이 오니」는 존재의 순환 고리를 짚으려 한다. '두 대의 아름다운 분수 쐐- 쐐/이 청량감!/새하얀 포말 하늘로 치솟아 떨어지고/돌고 돌아 그 숨결 다시 또 떨어진다'는 순환의 이치처럼 떠나간 그대도 돌아올 수 없을까 하는 바람으로 서성이게 한다. 봄이 오면 잠든 생명의 순이 돋아나고 온갖 꽃 피어나는 순리처럼 그대도 내 곁에 다시 돌아와 주기를 갈망하는 일이다.

　이개성 시의 그리움 속에는 그대와 나의 아름다운 추억이 파릇한 생명력으로 숨 쉬고, 이승과 저승으로 나뉘어 가닿을 수 없는 유리된 거리의 단절의 아픔이 자리하고 있다. 종래에는 초연한 기다림으로 초연해 하지만, 언제 어디서나 마음속에 스미어 가고 오는 길에서 만날 수 있기를 기원한다. 봄이면 숨죽였던 온갖 생명이 돋아나고 피어나는 이치처럼 가신 그대도 돌아와 줄 수 있기를 갈망하기에 이른다. 아름다운 사랑의 숭고한 가치를

| 작 품 해 설 |

만년의 나이에 시문학의 이름으로 읊어주신 시인께 깊은 감사를 드리지 않을 수 없다. 편 편의 시가 다 아름다운 시어로 곱게 단장하여 깊은 감동으로 독자를 맞이할 것이라 믿는다. '마음이 울적할 때 시 한 편 쓰면 평온해진다. 좋은 시 읊으면서 길이 남는 시 써가며 살 수만 있다면 얼마나 좋을까'라는 바람의 말씀을 주신 이개성 시인의 시문학은 이미 일정한 궤도에 진입하셨다고 믿는다. 혼신을 다해 주신 시인의 노고에 박수를 드리지 않을 수 없다.

## 이개성 시인

| | | |
|---|---|---|
| 1930 | | 아버지 이현복 씨와 어머니 김순응 씨의 맏딸로 충북 괴산에서 출생 |
| 1951 | 2 | 국립 서울약학대학교 3년 수료 |
| 1973 | 2 | 경희대학교 경영학과 졸업 |
| 1951 | 6 | 괴산 공립중학교 교사 |
| 1963 | 2 | 일본 소-게쓰(草月)류 꽃꽂이 사범 |
| 1966 | 10 | 일본 시나리오 연구소 수료 (제17기) |
| 1970 | 1 | 양지회 간사 (1970~1972) |
| 1980 | 3 | 한일 여성 친선협회 이사 |
| 1985 | 2 | 숙명여자대학 특설교육원 수료 |
| 1990 | 6 | 서울 적십자사 여성봉사 특별자문위원회 위원 |
| 1996 | 5 | 청주여고 장학회, 장학회장 |
| 1997 | 1 | 서울 적십자사 여성봉사 특별자문위원회 위원장 및 감사 |
| 2003 | 11 | 서울 적십자사 상임위원 (2003~2008) |
| 2007 | | 대한적십자사 회원 유공장 『명예장』 수상 |
| 2008 | | 대한적십자사 『박애장』 수상 |
| 2008~ | | 현) 서울적십자사 여성봉사 특별자문위원회 고문 |
| 2016 | | 계간 『문파』 시 부문 신인상 당선 |
| 2017 | | 사단법인 한국문인협회 회원 |
| 2018 | | 문파문학 상임운영이사 |
| | | 시계문학회 회원 |

# 추억이 담긴 벤치

이개성 시집

# 추억이 담긴 벤치

이개성 시집